Uta Streit · Fritz Jansen

Mathe lernen 2 nach dem IntraActPlus-Konzept

Rechnen lernen in Klasse 2 – Heft 1: Zahlenraum bis 100, Einer addieren bis 100 – auch für Förderschule und Dyskalkulie-Therapie

Uta Streit
IntraActPlus GbR
Neuried, Deutschland

Fritz Jansen
IntraActPlus GbR
Neuried, Deutschland

ISBN 978-3-662-67388-1

Die Deutsche Nationalbibliothek verzeichnet diese Publikation in der Deutschen Nationalbibliografie; detaillierte bibliografische Daten sind im Internet über ▶ http://dnb.d-nb.de abrufbar.

© Der/die Herausgeber bzw. der/die Autor(en), exklusiv lizenziert an Springer-Verlag GmbH, DE, ein Teil von Springer Nature 2024

Das Werk einschließlich aller seiner Teile ist urheberrechtlich geschützt. Jede Verwertung, die nicht ausdrücklich vom Urheberrechtsgesetz zugelassen ist, bedarf der vorherigen Zustimmung des Verlags. Das gilt insbesondere für Vervielfältigungen, Bearbeitungen, Mikroverfilmungen und die Einspeicherung und Verarbeitung in elektronischen Systemen.
Die Wiedergabe von allgemein beschreibenden Bezeichnungen, Marken, Unternehmensnamen etc. in diesem Werk bedeutet nicht, dass diese frei durch jedermann benutzt werden dürfen. Die Berechtigung zur Benutzung unterliegt, auch ohne gesonderten Hinweis hierzu, den Regeln des Markenrechts. Die Rechte des jeweiligen Zeicheninhabers sind zu beachten.
Der Verlag, die Autoren und die Herausgeber gehen davon aus, dass die Angaben und Informationen in diesem Werk zum Zeitpunkt der Veröffentlichung vollständig und korrekt sind. Weder der Verlag noch die Autoren oder die Herausgeber übernehmen, ausdrücklich oder implizit, Gewähr für den Inhalt des Werkes, etwaige Fehler oder Äußerungen. Der Verlag bleibt im Hinblick auf geografische Zuordnungen und Gebietsbezeichnungen in veröffentlichten Karten und Institutionsadressen neutral.

Einbandabbildung: © kaganskaya115 / Stock.adobe.com, © Svitlana / Stock.adobe.com, © Nanci / Stock.adobe.com
Gestaltung/Layout: Matthias Heid, Neuried

Planung/Lektorat: Joachim Coch
Springer ist ein Imprint der eingetragenen Gesellschaft Springer-Verlag GmbH, DE und ist ein Teil von Springer Nature.
Die Anschrift der Gesellschaft ist: Heidelberger Platz 3, 14197 Berlin, Germany

Das Papier dieses Produkts ist recyclebar.

Printed in Italy by Printer Trento S.r.l.

Hilfestellungen für das Üben

Was sind die wichtigsten Lernziele für den Zahlenraum bis 100?

1. Eine sichere innere Vorstellung des Zahlenraums aufbauen

Damit Ihr Kind in den nächsten Jahren in Mathematik gut weiterkommt, ist wichtig, dass es eine innere Vorstellung des Zahlenraums aufbaut. Rechnen im Zahlenraum bis 20 lässt sich oft noch über Zählstrategien bewältigen. Im höheren Zahlenraum benötigt Ihr Kind ein sicher abrufbares inneres Modell des Zahlenraums. Man weiß, dass dieses Modell in bildlicher Form gespeichert wird. Dies darf man sich aber nicht wie eine Fotografie vorstellen. Vielmehr muss in den bildverarbeitenden Regionen des Gehirns die Struktur des Zahlensystems gespeichert werden. Aus der Forschung weiß man, dass die Qualität dieses inneren Modells des Zahlenraums eng mit sicherem Rechnen und wirklichem mathematischen Verstehen zusammenhängt.

Eine Untergruppe von Kindern mit Schwierigkeiten in Mathematik tut sich mit dem Aufbau bildlicher innerer Vorstellungen besonders schwer. Diese Kinder haben oft auch in anderen Bereichen mehr Schwierigkeiten, wenn es um bildlich-räumliche Zusammenhänge geht. Für diese Kinder ist wichtig:

1. Wiederholen Sie die Aufgaben zum Aufbau einer inneren Vorstellung des Zahlenraums (S. 3–14) über einen längeren Zeitraum immer wieder – bis sie für Ihr Kind leicht werden. Parallel dazu können Sie bereits auf S. 15 mit den Additionen beginnen.
2. Bleiben Sie bei der ganz einfachen und immer gleichen Darstellung des Zahlenraums – so wie Sie sie hier in diesen Heften finden. Gerade für Kinder mit Schwierigkeiten im bildlich-räumlichen Bereich ist es oft eine große Überforderung, wenn der 100er-Raum – so wie in fast allen Schulbüchern – immer unterschiedlich dargestellt wird (z. B. einmal als Steckwürfel, einmal als Kärtchen an einer Wäscheleine usw.).

2. Zweistellige Zahlen sicher lesen und schreiben

3. Gelerntes Wissen auf den Zahlenraum bis 100 übertragen

Menschen, die in Mathematik gut sind, lösen Rechenaufgaben überwiegend indem sie gespeichertes Wissen schnell abrufen und flexibel auf neue Zusammenhänge übertragen. Sie haben beispielsweise gespeichert »5+2=7« und wissen daher ohne große Anstrengung, wie viel »500+200« oder »2075+2« ergibt. Menschen, die in Mathe Schwierigkeiten haben, haben hingegen weniger gespeichert. Deshalb müssen sie elementare Rechenaufgaben an vielen Stellen immer wieder mühsam neu errechnen. Das kostet viel Verarbeitungskapazität, ist fehleranfällig und führt dazu, dass die Betroffenen schnell überfordert sind.

In den Heft 1–3 dieses Lernmaterials wiederholen sich elementarer Additions- und Subtraktionsaufgaben immer wieder. Dies dient dazu, dass die Ergebnisse immer besser gespeichert werden, bis der Abruf automatisiert ist. Gleichzeitig wird die Übertragung auf andere Zusammenhänge geübt.

Für den Bereich der Addition bis 100 sind folgende Kompetenzen erforderlich, die zunächst einzeln sicher geübt und dann miteinander verbunden werden:
– Einer addieren ohne Zehnerübergang (ab S. 15)
– Einer addieren mit Zehnerübergang (ab S. 15)
– 10er addieren (Heft 2 dieses Arbeitsmaterials ab S. 3)
– Zweistellige Zahlen addieren, wie beispielsweise 56+38 (Heft 2 ab S. 25).

4. Zunehmend flexiblere Anwendung der gelernten Fertigkeiten

Mathematik besteht immer darin, gelernte Grundkompetenzen auf neue Fragestellungen zu übertragen. Kinder lernen Additionen, Subtraktionen usw. nicht zum Selbstzweck, sondern damit sie später damit in unterschiedlichsten Lebensbereichen sicher mathematisch denken können, beispielsweise mit Grundstücksflächen, mit Bankzinsen oder mit der Wahrscheinlichkeit eines Lottogewinns im Vergleich zu den Kosten für die gekauften Lose.

Diese Flexibilisierung wird mit dem vorliegenden Material anhand vieler Sachaufgaben, Kettenaufgaben oder Rechenpyramiden geübt. Weitere Anwendungen finden Sie in Heft 5 (Geometrie) und Heft 6 (Uhrzeit).

Die Balken über den Aufgaben zeigen die jeweilige Lernstufe an.

Grau	Verstehen und erstes Speichern
Grün	Speichern und Automatisieren
Blau	flexibles Anwenden

Zu den einzelnen Aufgabenformen

S. 3 Der Hunderterraum
Die Zahlen im Hunderterraum werden gelesen. Beginnen Sie beim ersten Mal mit der »1«. Beim nächsten Mal wird gezielt in den Zahlenbereichen geübt, die dem Kind noch schwerfallen.

S. 4–6 Lies die Zahlen in den gelben Kästchen!
Die Zahlen in den gelben Kästchen werden gelesen. Zunächst der Reihe nach, wenn das gut klappt, auch durcheinander.

S. 7–8 Zahlen bis 99 nach Diktat schreiben
Die Zahlen werden nach Diktat in die Kästchen geschrieben.
Achten Sie darauf, dass die Zahlen immer von links nach rechts, also erst die Zehner und dann die Einer geschrieben werden.
Beginnen Sie einfach, beispielsweise erst nur mit den Zahlen von 21 bis 29. Diese werden abwechselnd diktiert, bis sie sicher geschrieben werden. Dann werden schrittweise weitere Zahlen in das Üben mit einbezogen usw. Jedes Kind übt so lange, bis es zweistellige Zahlen mühelos und fehlerfrei schreiben kann.

S. 9–12 Schreibe die Zahlen in die gelben Kästchen!
Die fehlenden Zahlen werden in die gelben Kästchen geschrieben. Achten Sie auch hier darauf, dass immer von links nach rechts geschrieben wird.
Tipp: Lassen Sie Ihr Kind die Aufgaben zunächst mündlich machen. Erst wenn es sich ganz sicher ist, werden die Zahlen in die Kästchen geschrieben.

S. 13–14 Finde Vorgänger und Nachfolger!
Auf die freien Linien wird jeweils der Nachfolger bzw. Vorgänger geschrieben. Achten Sie auch hier darauf, dass immer von links nach rechts geschrieben wird.
Tipp: Lassen Sie Ihr Kind die Aufgaben zunächst mündlich machen. Erst wenn es sich ganz sicher ist, werden die Zahlen geschrieben.

Seiten „Decke die graue Spalte ab und übe!"

20 + 1 =	21		60 + 3 =	63
20 + 4 =	24		70 + 2 =	72
20 + 6 =	26		80 + 3 =	83
20 + 9 =	29		90 + 4 =	94
30 + 1 =	31		80 + 6 =	86
30 + 3 =	33		60 + 9 =	69
30 + 5 =	35		70 + 5 =	75
40 + 1 =	41		20 + 9 =	29
40 + 8 =	48		90 + 9 =	99
40 + 9 =	49		70 + 8 =	78
50 + 4 =	54		30 + 7 =	37
50 + 9 =	59		90 + 6 =	96

Die graue Spalte mit den Ergebnissen wird mit einem Blatt Papier abgedeckt. Das Kind rechnet die erste Aufgabe. Dann wird das Abdeckblatt eine Zeile nach unten geschoben und geprüft, ob die Lösung stimmt. Nun wird die nächste Aufgabe gerechnet und geprüft usw. Eine Spalte mit Aufgaben wird so oft wiederholt, bis die Aufgaben mühelos und sicher gelöst werden.

Seiten „Falte – rechne – falte zurück – prüfe!"

Aufgabe		Ergebnis
20 + 6 = _____		26
40 + 3 = _____		43
30 + 8 = _____		38
60 + 5 = _____		65
80 + 1 = _____		81
50 + 4 = _____		54
70 + 2 = _____		72
90 + 3 = _____		93
60 + 9 = _____		69
80 + 4 = _____		84
90 + 7 = _____		97
70 + 6 = _____		76
50 + 2 = _____		52
80 + 9 = _____		89

Diese Seiten dienen der Kontrolle, ob die geübten Aufgaben sicher beherrscht werden. Die Seite wird an der gestrichelten Linie nach hinten gefaltet. Das Kind rechnet die Aufgaben. Dann wird die Seite wieder aufgefaltet, um die Lösungen zu prüfen. Die Aufgaben sollen nicht mit den Fingern oder über Zählen gelöst werden. Stattdessen soll gespeichertes Wissen (z. B. »3+2=5« oder »9+2=11«) auf den höheren Zahlenraum übertragen werden.

Zahlen und Zahlenraum bis 100

Der Hunderterraum

1	2	3	4	5	6	7	8	9	10
11	12	13	14	15	16	17	18	19	20
21	22	23	24	25	26	27	28	29	30
31	32	33	34	35	36	37	38	39	40
41	42	43	44	45	46	47	48	49	50
51	52	53	54	55	56	57	58	59	60
61	62	63	64	65	66	67	68	69	70
71	72	73	74	75	76	77	78	79	80
81	82	83	84	85	86	87	88	89	90
91	92	93	94	95	96	97	98	99	100

Zahlen und Zahlenraum bis 100

Lies die Zahlen in den gelben Kästchen!

1	2	3	4	5	6	7	8	9	10
11	12	13	14	15	16	17	18	19	20
21	22	23	24	25	26	27	28	29	30
31	32	33	34	35	36	37	38	39	40
41	42	43	44	45	46	47	48	49	50
51	52	53	54	55	56	57	58	59	60
61	62	63	64	65	66	67	68	69	70
71	72	73	74	75	76	77	78	79	80
81	82	83	84	85	86	87	88	89	90
91	92	93	94	95	96	97	98	99	100

Lies die Zahlen in den gelben Kästchen!

1	2	3	4	5	6	7	8	9	10
11	12	13	14	15	16	17	18	19	20
21	22	23	24	25	26	27	28	29	30
31	32	33	34	35	36	37	38	39	40
41	42	43	44	45	46	47	48	49	50
51	52	53	54	55	56	57	58	59	60
61	62	63	64	65	66	67	68	69	70
71	72	73	74	75	76	77	78	79	80
81	82	83	84	85	86	87	88	89	90
91	92	93	94	95	96	97	98	99	100

Zahlen und Zahlenraum bis 100

Lies die Zahlen in den gelben Kästchen!

1	2	3	4	5	6	7	8	9	10
11	12	13	14	15	16	17	18	19	20
21	22	23	24	25	26	27	28	29	30
31	32	33	34	35	36	37	38	39	40
41	42	43	44	45	46	47	48	49	50
51	52	53	54	55	56	57	58	59	60
61	62	63	64	65	66	67	68	69	70
71	72	73	74	75	76	77	78	79	80
81	82	83	84	85	86	87	88	89	90
91	92	93	94	95	96	97	98	99	100

Zahlen bis 99 nach Diktat schreiben

Zahlen und Zahlenraum bis 100

Zahlen bis 99 nach Diktat schreiben

Schreibe die fehlenden Zahlen in die gelben Kästchen!

	2	3	4	5		7	8	9	10
	12	13	14	15		17	18	19	20
	22	23	24	25		27	28	29	30
	32	33	34	35		37	38	39	40
	42	43	44	45		47	48	49	50
	52	53	54	55		57	58	59	60
	62	63	64	65		67	68	69	70
	72	73	74	75		77	78	79	80
	82	83	84	85		87	88	89	90
	92	93	94	95		97	98	99	100

Zahlen und Zahlenraum bis 100

Schreibe die fehlenden Zahlen in die gelben Kästchen!

1	2	3	4		6	7	8	9	
11	12	13	14		16	17	18	19	
21	22	23	24		26	27	28	29	
31	32	33	34		36	37	38	39	
41	42	43	44		46	47	48	49	
51	52	53	54		56	57	58	59	
61	62	63	64		66	67	68	69	
71	72	73	74		76	77	78	79	
81	82	83	84		86	87	88	89	
91	92	93	94		96	97	98	99	

Schreibe die fehlenden Zahlen in die gelben Kästchen!

1	2		4	5	6	7		9	10
11	12		14	15	16	17		19	20
21	22		24	25	26	27		29	30
31	32		34	35	36	37		39	40
41	42		44	45	46	47		49	50
51	52		54	55	56	57		59	60
61	62		64	65	66	67		69	70
71	72		74	75	76	77		79	80
81	82		84	85	86	87		89	90
91	92		94	95	96	97		99	100

Zahlen und Zahlenraum bis 100

Schreibe die fehlenden Zahlen in die gelben Kästchen!

1	2	3	4	5	6	7	8	9	10
11	12	13	14	15	16	17	18	19	20
		23	24	25	26			29	30
31	32	33			36	37	38		
41	42	43	44	45	46	47	48	49	50
51	52	53			56	57	58		
		63	64	65	66			69	70
71	72	73			76	77	78		
81	82	83	84	85	86	87	88	89	90
91				95	96				100

Zahlen und Zahlenraum bis 100

Finde Vorgänger und Nachfolger!

Vorgänger	Zahl	Nachfolger
20	21	22
___	25	___
___	26	___
___	30	___
___	36	___
___	39	___
___	40	___
___	43	___
___	49	___
___	50	___
___	55	___
___	59	___

Zahlen und Zahlenraum bis 100

Finde Vorgänger und Nachfolger!

Vorgänger	Zahl	Nachfolger
_____	39	_____
_____	40	_____
_____	60	_____
_____	80	_____
_____	50	_____
_____	90	_____
_____	93	_____
_____	69	_____
_____	70	_____
_____	75	_____
_____	89	_____
_____	99	_____

Einer addieren ohne Zehnerübergang

Decke die graue Spalte ab und übe!

20 + 1 =	21
20 + 4 =	24
20 + 6 =	26
20 + 9 =	29
30 + 1 =	31
30 + 3 =	33
30 + 5 =	35
40 + 1 =	41
40 + 8 =	48
40 + 9 =	49
50 + 4 =	54
50 + 9 =	59

60 + 3 =	63
70 + 2 =	72
80 + 3 =	83
90 + 4 =	94
80 + 6 =	86
60 + 9 =	69
70 + 5 =	75
20 + 9 =	29
90 + 9 =	99
70 + 8 =	78
30 + 7 =	37
90 + 6 =	96

Einer addieren ohne Zehnerübergang

Decke die graue Spalte ab und übe!

21 + 1 =	22
23 + 1 =	24
25 + 1 =	26
29 + 1 =	30
32 + 1 =	33
34 + 1 =	35
36 + 1 =	37
39 + 1 =	40
47 + 1 =	48
48 + 1 =	49
53 + 1 =	54
59 + 1 =	60

65 + 1 =	66
67 + 1 =	68
69 + 1 =	70
72 + 1 =	73
74 + 1 =	75
83 + 1 =	84
87 + 1 =	88
89 + 1 =	90
92 + 1 =	93
94 + 1 =	95
96 + 1 =	97
99 + 1 =	100

Einer addieren ohne Zehnerübergang

Falte – rechne – falte zurück – prüfe!

Faltlinie

20 + 6 = _____ | 26

40 + 3 = _____ | 43

30 + 8 = _____ | 38

60 + 5 = _____ | 65

80 + 1 = _____ | 81

50 + 4 = _____ | 54

70 + 2 = _____ | 72

90 + 3 = _____ | 93

60 + 9 = _____ | 69

80 + 4 = _____ | 84

90 + 7 = _____ | 97

70 + 6 = _____ | 76

50 + 2 = _____ | 52

80 + 9 = _____ | 89

Einer addieren ohne Zehnerübergang

Falte – rechne – falte zurück – prüfe!

Faltlinie

34 + 1 = ____ | 35

47 + 1 = ____ | 48

49 + 1 = ____ | 50

35 + 1 = ____ | 36

56 + 1 = ____ | 57

59 + 1 = ____ | 60

64 + 1 = ____ | 65

72 + 1 = ____ | 73

79 + 1 = ____ | 80

83 + 1 = ____ | 84

89 + 1 = ____ | 90

92 + 1 = ____ | 93

95 + 1 = ____ | 96

99 + 1 = ____ | 100

Decke die graue Spalte ab und übe!

Einer addieren ohne Zehnerübergang

1 + 2 =	3
21 + 2 =	23
51 + 2 =	53
41 + 2 =	43
2 + 2 =	4
32 + 2 =	34
52 + 2 =	54
72 + 2 =	74
3 + 2 =	5
43 + 2 =	45
63 + 2 =	65
93 + 2 =	95

11 + 2 =	13
61 + 2 =	63
42 + 2 =	44
73 + 2 =	75
81 + 2 =	83
33 + 2 =	35
91 + 2 =	93
12 + 2 =	14
53 + 2 =	55
82 + 2 =	84
92 + 2 =	94
83 + 2 =	85

Einer addieren ohne Zehnerübergang

Decke die graue Spalte ab und übe!

4 + 2 =	6
24 + 2 =	26
54 + 2 =	56
44 + 2 =	46
94 + 2 =	96
74 + 2 =	76
5 + 2 =	7
35 + 2 =	37
85 + 2 =	87
65 + 2 =	67
25 + 2 =	27
55 + 2 =	57

14 + 2 =	16
85 + 2 =	87
25 + 2 =	27
94 + 2 =	96
44 + 2 =	46
15 + 2 =	17
54 + 2 =	56
75 + 2 =	77
94 + 2 =	96
35 + 2 =	37
64 + 2 =	66
25 + 2 =	27

Einer addieren ohne Zehnerübergang

Decke die graue Spalte ab und übe!

6 + 2 =	8
36 + 2 =	38
56 + 2 =	58
96 + 2 =	98
46 + 2 =	48
76 + 2 =	78
7 + 2 =	9
27 + 2 =	29
47 + 2 =	49
67 + 2 =	69
97 + 2 =	99
37 + 2 =	39

87 + 2 =	89
26 + 2 =	28
57 + 2 =	59
86 + 2 =	88
17 + 2 =	19
36 + 2 =	38
16 + 2 =	18
67 + 2 =	69
56 + 2 =	58
97 + 2 =	99
66 + 2 =	68
27 + 2 =	29

Einer addieren ohne Zehnerübergang

Decke die graue Spalte ab und übe!

8 + 2 =	10
18 + 2 =	20
28 + 2 =	30
58 + 2 =	60
88 + 2 =	90
87 + 2 =	89
67 + 2 =	69
68 + 2 =	70
97 + 2 =	99
98 + 2 =	100
78 + 2 =	80
77 + 2 =	79

25 + 2 =	27
43 + 2 =	45
52 + 2 =	54
64 + 2 =	66
36 + 2 =	38
78 + 2 =	80
87 + 2 =	89
95 + 2 =	97
74 + 2 =	76
37 + 2 =	39
56 + 2 =	58
88 + 2 =	90

Einer addieren ohne Zehnerübergang

Falte – rechne – falte zurück – prüfe!

Faltlinie

34 + 2 = _____ | 36

67 + 2 = _____ | 69

83 + 2 = _____ | 85

28 + 2 = _____ | 30

92 + 2 = _____ | 94

75 + 2 = _____ | 77

98 + 2 = _____ | 100

56 + 2 = _____ | 58

68 + 2 = _____ | 70

45 + 2 = _____ | 47

27 + 2 = _____ | 29

35 + 2 = _____ | 37

86 + 2 = _____ | 88

48 + 2 = _____ | 50

Einer addieren ohne Zehnerübergang

Falte – rechne – falte zurück – prüfe!

Faltlinie

63 + 2 = _____ | 65

56 + 2 = _____ | 58

79 + 1 = _____ | 80

64 + 2 = _____ | 66

65 + 1 = _____ | 66

43 + 2 = _____ | 45

75 + 2 = _____ | 77

75 + 1 = _____ | 76

98 + 2 = _____ | 100

85 + 2 = _____ | 87

94 + 2 = _____ | 96

99 + 1 = _____ | 100

37 + 2 = _____ | 39

37 + 1 = _____ | 38

Einer addieren ohne Zehnerübergang

Decke die graue Spalte ab und übe!

1 + 3 =	4
41 + 3 =	44
91 + 3 =	94
61 + 3 =	64
81 + 3 =	84
51 + 3 =	54
2 + 3 =	5
22 + 3 =	25
92 + 3 =	95
32 + 3 =	35
52 + 3 =	55
72 + 3 =	75

11 + 3 =	14
82 + 3 =	85
21 + 3 =	24
71 + 3 =	74
12 + 3 =	15
62 + 3 =	65
31 + 3 =	34
41 + 3 =	44
62 + 3 =	65
42 + 3 =	45
52 + 3 =	55
91 + 3 =	94

Einer addieren ohne Zehnerübergang

Decke die graue Spalte ab und übe!

3 + 3 =	6
23 + 3 =	26
43 + 3 =	46
63 + 3 =	66
83 + 3 =	86
93 + 3 =	96
4 + 3 =	7
34 + 3 =	37
54 + 3 =	57
64 + 3 =	67
74 + 3 =	77
94 + 3 =	97

24 + 3 =	27
33 + 3 =	36
44 + 3 =	47
63 + 3 =	66
43 + 3 =	46
84 + 3 =	87
53 + 3 =	56
94 + 3 =	97
14 + 3 =	17
73 + 3 =	76
93 + 3 =	96
64 + 3 =	67

Einer addieren ohne Zehnerübergang

Decke die graue Spalte ab und übe!

5 + 3 =	8
25 + 3 =	28
45 + 3 =	48
35 + 3 =	38
95 + 3 =	98
75 + 3 =	78
6 + 3 =	9
36 + 3 =	39
56 + 3 =	59
96 + 3 =	99
46 + 3 =	49
76 + 3 =	79

55 + 3 =	58
26 + 3 =	29
65 + 3 =	68
66 + 3 =	69
85 + 3 =	88
75 + 3 =	78
86 + 3 =	89
46 + 3 =	49
95 + 3 =	98
76 + 3 =	79
15 + 3 =	18
96 + 3 =	99

Einer addieren ohne Zehnerübergang

Decke die graue Spalte ab und übe!

7 + 3 =	10
17 + 3 =	20
27 + 3 =	30
47 + 3 =	50
46 + 3 =	49
56 + 3 =	59
57 + 3 =	60
77 + 3 =	80
76 + 3 =	79
97 + 3 =	100
37 + 3 =	40
96 + 3 =	99

33 + 3 =	36
75 + 3 =	78
42 + 3 =	45
61 + 3 =	64
24 + 3 =	27
57 + 3 =	60
76 + 3 =	79
94 + 3 =	97
82 + 3 =	85
55 + 3 =	58
47 + 3 =	50
86 + 3 =	89

Einer addieren ohne Zehnerübergang

Falte – rechne – falte zurück – prüfe!

Faltlinie

82 + 3 = ____   85

24 + 3 = ____   27

93 + 3 = ____   96

36 + 3 = ____   39

45 + 3 = ____   48

57 + 3 = ____   60

44 + 3 = ____   47

96 + 3 = ____   99

62 + 3 = ____   65

77 + 3 = ____   80

35 + 3 = ____   38

83 + 3 = ____   86

54 + 3 = ____   57

97 + 3 = ____   100

Einer addieren ohne Zehnerübergang

Falte – rechne – falte zurück – prüfe!

Faltlinie

46 + 3 = ____	49
18 + 2 = ____	20
96 + 2 = ____	98
54 + 3 = ____	57
35 + 2 = ____	37
65 + 3 = ____	68
82 + 3 = ____	85
47 + 2 = ____	49
97 + 3 = ____	100
54 + 2 = ____	56
47 + 3 = ____	50
63 + 2 = ____	65
86 + 3 = ____	89
25 + 3 = ____	28

Einer addieren ohne Zehnerübergang

Decke die graue Spalte ab und übe!

1 + 4 =	5
21 + 4 =	25
51 + 4 =	55
71 + 4 =	75
2 + 4 =	6
32 + 4 =	36
42 + 4 =	46
52 + 4 =	56
3 + 4 =	7
43 + 4 =	47
63 + 4 =	67
93 + 4 =	97

42 + 4 =	46
51 + 4 =	55
23 + 4 =	27
32 + 4 =	36
62 + 4 =	66
43 + 4 =	47
71 + 4 =	75
93 + 4 =	97
81 + 4 =	85
92 + 4 =	96
61 + 4 =	65
53 + 4 =	57

Einer addieren ohne Zehnerübergang

Decke die graue Spalte ab und übe!

4 + 4 =	8
24 + 4 =	28
34 + 4 =	38
54 + 4 =	58
5 + 4 =	9
35 + 4 =	39
45 + 4 =	49
65 + 4 =	69
6 + 4 =	10
26 + 4 =	30
46 + 4 =	50
76 + 4 =	80

45 + 4 =	49
86 + 4 =	90
75 + 4 =	79
44 + 4 =	48
36 + 4 =	40
25 + 4 =	29
63 + 4 =	67
54 + 4 =	58
86 + 4 =	90
92 + 4 =	96
73 + 4 =	77
25 + 4 =	29

Einer addieren ohne Zehnerübergang

Falte – rechne – falte zurück – prüfe!

Faltlinie

41 + 4 = ____   45

23 + 4 = ____   27

56 + 4 = ____   60

35 + 4 = ____   39

94 + 4 = ____   98

62 + 4 = ____   66

86 + 4 = ____   90

74 + 4 = ____   78

95 + 4 = ____   99

73 + 4 = ____   77

82 + 4 = ____   86

56 + 4 = ____   60

63 + 4 = ____   67

75 + 4 = ____   79

Einer addieren ohne Zehnerübergang

Falte – rechne – falte zurück – prüfe!

Faltlinie

52 + 4 = _____ | 56

57 + 3 = _____ | 60

43 + 4 = _____ | 47

76 + 3 = _____ | 79

64 + 3 = _____ | 67

23 + 4 = _____ | 27

36 + 4 = _____ | 40

65 + 4 = _____ | 69

95 + 3 = _____ | 98

82 + 3 = _____ | 85

46 + 4 = _____ | 50

87 + 3 = _____ | 90

93 + 4 = _____ | 97

35 + 4 = _____ | 39

Einer addieren ohne Zehnerübergang

Decke die graue Spalte ab und übe!

1 + 5 =	6
31 + 5 =	36
71 + 5 =	76
91 + 5 =	96
2 + 5 =	7
42 + 5 =	47
62 + 5 =	67
82 + 5 =	87
3 + 5 =	8
43 + 5 =	48
63 + 5 =	68
93 + 5 =	98

23 + 5 =	28
41 + 5 =	46
62 + 5 =	67
72 + 5 =	77
43 + 5 =	48
42 + 5 =	47
91 + 5 =	96
61 + 5 =	66
93 + 5 =	98
72 + 5 =	77
53 + 5 =	58
92 + 5 =	97

Einer addieren ohne Zehnerübergang

Decke die graue Spalte ab und übe!

4 + 5 =	9
24 + 5 =	29
34 + 5 =	39
64 + 5 =	69
5 + 5 =	10
15 + 5 =	20
35 + 5 =	40
95 + 5 =	100
54 + 5 =	59
75 + 5 =	80
94 + 5 =	99
85 + 5 =	90

42 + 5 =	47
84 + 5 =	89
53 + 5 =	58
75 + 5 =	80
62 + 5 =	67
94 + 5 =	99
73 + 5 =	78
95 + 5 =	100
33 + 5 =	38
65 + 5 =	70
92 + 5 =	97
24 + 5 =	29

Einer addieren ohne Zehnerübergang

Decke die graue Spalte ab und übe!

1 + 6 =	7
31 + 6 =	37
81 + 6 =	87
2 + 6 =	8
42 + 6 =	48
92 + 6 =	98
72 + 6 =	78
41 + 6 =	47
32 + 6 =	38
92 + 6 =	98
21 + 6 =	27
52 + 6 =	58

3 + 6 =	9
23 + 6 =	29
53 + 6 =	59
73 + 6 =	79
72 + 6 =	78
83 + 6 =	89
81 + 6 =	87
93 + 6 =	99
43 + 6 =	49
41 + 6 =	47
63 + 6 =	69
62 + 6 =	68

Einer addieren ohne Zehnerübergang

Decke die graue Spalte ab und übe!

4 + 6 =	10
34 + 6 =	40
54 + 6 =	60
24 + 6 =	30
74 + 6 =	80
51 + 6 =	57
64 + 6 =	70
61 + 6 =	67
91 + 6 =	97
94 + 6 =	100
41 + 6 =	47
44 + 6 =	50

52 + 6 =	58
43 + 6 =	49
94 + 6 =	100
92 + 6 =	98
23 + 6 =	29
62 + 6 =	68
64 + 6 =	70
34 + 6 =	40
83 + 6 =	89
84 + 6 =	90
93 + 6 =	99
72 + 6 =	78

Einer addieren ohne Zehnerübergang

Falte – rechne – falte zurück – prüfe!

Faltlinie

32 + 5 = ____   37

25 + 5 = ____   30

94 + 5 = ____   99

63 + 5 = ____   68

45 + 5 = ____   50

54 + 5 = ____   59

81 + 5 = ____   86

73 + 6 = ____   79

82 + 6 = ____   88

44 + 6 = ____   50

91 + 6 = ____   97

34 + 6 = ____   40

72 + 6 = ____   78

53 + 6 = ____   59

Einer addieren ohne Zehnerübergang

Falte – rechne – falte zurück – prüfe!

Faltlinie

43 + 5 = ____ | 48

24 + 6 = ____ | 30

35 + 4 = ____ | 39

73 + 6 = ____ | 79

91 + 6 = ____ | 97

65 + 5 = ____ | 70

86 + 4 = ____ | 90

94 + 5 = ____ | 99

62 + 5 = ____ | 67

82 + 6 = ____ | 88

34 + 6 = ____ | 40

53 + 4 = ____ | 57

45 + 5 = ____ | 50

72 + 4 = ____ | 76

Einer addieren ohne Zehnerübergang

Decke die graue Spalte ab und übe!

1 + 7 =	8
41 + 7 =	48
61 + 7 =	68
51 + 7 =	58
2 + 7 =	9
52 + 7 =	59
72 + 7 =	79
92 + 7 =	99
31 + 7 =	38
62 + 7 =	69
42 + 7 =	49
81 + 7 =	88

3 + 7 =	10
43 + 7 =	50
53 + 7 =	60
93 + 7 =	100
71 + 7 =	78
92 + 7 =	99
63 + 7 =	70
22 + 7 =	29
81 + 7 =	88
83 + 7 =	90
93 + 7 =	100
32 + 7 =	39

Einer addieren ohne Zehnerübergang

Decke die graue Spalte ab und übe!

1 + 8 =	9
31 + 8 =	39
41 + 8 =	49
71 + 8 =	79
2 + 8 =	10
12 + 8 =	20
32 + 8 =	40
42 + 8 =	50
51 + 8 =	59
52 + 8 =	60
62 + 8 =	70
91 + 8 =	99

42 + 7 =	49
62 + 8 =	70
91 + 7 =	98
23 + 7 =	30
51 + 8 =	59
73 + 7 =	80
92 + 8 =	100
62 + 7 =	69
83 + 7 =	90
42 + 8 =	50
91 + 8 =	99
32 + 7 =	39

Einer addieren ohne Zehnerübergang

Falte – rechne – falte zurück – prüfe!

Faltlinie

52 + 7 = _____ | 59

71 + 7 = _____ | 78

83 + 7 = _____ | 90

92 + 7 = _____ | 99

63 + 7 = _____ | 70

41 + 7 = _____ | 48

33 + 7 = _____ | 40

52 + 8 = _____ | 60

91 + 8 = _____ | 99

60 + 8 = _____ | 68

42 + 8 = _____ | 50

51 + 8 = _____ | 59

90 + 8 = _____ | 98

32 + 8 = _____ | 40

Einer addieren ohne Zehnerübergang

Falte – rechne – falte zurück – prüfe!

Faltlinie

91 + 7 = _____   98

72 + 8 = _____   80

83 + 6 = _____   89

61 + 8 = _____   69

43 + 7 = _____   50

34 + 5 = _____   39

72 + 7 = _____   79

51 + 8 = _____   59

92 + 6 = _____   98

63 + 5 = _____   68

23 + 7 = _____   30

82 + 8 = _____   90

54 + 6 = _____   60

42 + 7 = _____   49

Einer addieren ohne Zehnerübergang

Decke die graue Spalte ab und übe!

1 + 9 =	10
21 + 9 =	30
41 + 9 =	50
61 + 9 =	70
31 + 9 =	40
30 + 9 =	39
61 + 9 =	70
60 + 9 =	69
91 + 9 =	100
50 + 9 =	59
71 + 9 =	80
81 + 9 =	90

41 + 8 =	49
91 + 9 =	100
31 + 8 =	39
42 + 8 =	50
51 + 9 =	60
91 + 8 =	99
71 + 9 =	80
21 + 8 =	29
62 + 8 =	70
71 + 8 =	79
31 + 9 =	40
92 + 8 =	100

Einer addieren ohne Zehnerübergang

Decke die graue Spalte ab und übe!

41 + 3 =	44
62 + 8 =	70
53 + 6 =	59
97 + 3 =	100
42 + 2 =	44
55 + 5 =	60
85 + 4 =	89
48 + 2 =	50
61 + 7 =	68
91 + 9 =	100
94 + 2 =	96
45 + 5 =	50

36 + 3 =	39
76 + 4 =	80
62 + 6 =	68
84 + 5 =	89
93 + 7 =	100
91 + 8 =	99
27 + 2 =	29
24 + 6 =	30
71 + 7 =	78
43 + 5 =	48
53 + 6 =	59
21 + 8 =	29

Einer addieren ohne Zehnerübergang

Falte – rechne – falte zurück – prüfe!

Faltlinie

91 + 9 = _____ | 100

71 + 8 = _____ | 79

62 + 7 = _____ | 69

83 + 6 = _____ | 89

50 + 9 = _____ | 59

34 + 5 = _____ | 39

23 + 7 = _____ | 30

91 + 6 = _____ | 97

62 + 8 = _____ | 70

71 + 7 = _____ | 78

43 + 5 = _____ | 48

53 + 6 = _____ | 59

31 + 9 = _____ | 40

92 + 8 = _____ | 100

Einer addieren ohne Zehnerübergang

Falte – rechne – falte zurück – prüfe!

Faltlinie

86 + 3 = _____ | 89

67 + 2 = _____ | 69

98 + 2 = _____ | 100

81 + 9 = _____ | 90

65 + 4 = _____ | 69

57 + 3 = _____ | 60

34 + 3 = _____ | 37

56 + 4 = _____ | 60

35 + 3 = _____ | 38

29 + 1 = _____ | 30

75 + 2 = _____ | 77

98 + 1 = _____ | 99

46 + 2 = _____ | 48

25 + 5 = _____ | 30

Einer addieren ohne Zehnerübergang

Rechenketten

| 2 | +2 | 4 | +2 | 6 | +2 | | +2 | | +2 | 12 |

| 14 | +2 | | +2 | | +2 | | +2 | | +2 | 24 |

| 26 | +2 | | +2 | | +2 | | +2 | | +2 | 36 |

| 38 | +2 | | +2 | | +2 | | +2 | | +2 | 48 |

| 0 | +5 | | +5 | | +5 | | +5 | | +5 | 25 |

| 25 | +5 | | +5 | | +5 | | +5 | | +5 | 50 |

| 50 | +5 | | +5 | | +5 | | +5 | | +5 | 75 |

| 75 | +5 | | +5 | | +5 | | +5 | | +5 | 100 |

Einer addieren ohne Zehnerübergang

Rechenketten

54	+2		+2		+2		+2		+2	64

66	+2		+2		+2		+2		+2	76

78	+2		+2		+2		+2		+2	88

90	+2		+2		+2		+2		+2	100

20	+4		+4		+2		+4		+4	38

30	+2		+3		+2		+3		+2	42

45	+5		+2		+3		+5		+2	62

43	+7		+3		+7		+3		+7	70

Einer addieren mit Zehnerübergang

Decke die graue Spalte ab und übe!

9 + 2 =	11
19 + 2 =	21
39 + 2 =	41
29 + 2 =	31
59 + 2 =	61
89 + 2 =	91
9 + 3 =	12
29 + 3 =	32
39 + 3 =	42
59 + 3 =	62
69 + 3 =	72
89 + 3 =	92

19 + 2 =	21
19 + 3 =	22
39 + 3 =	42
39 + 2 =	41
49 + 2 =	51
49 + 3 =	52
69 + 3 =	72
89 + 2 =	91
79 + 3 =	82
79 + 2 =	81
59 + 2 =	61
29 + 3 =	32

Einer addieren mit Zehnerübergang

Decke die graue Spalte ab und übe!

9 + 4 =	13
19 + 4 =	23
39 + 4 =	43
49 + 4 =	53
59 + 4 =	63
79 + 4 =	83
9 + 5 =	14
19 + 5 =	24
39 + 5 =	44
59 + 5 =	64
69 + 5 =	74
89 + 5 =	94

39 + 4 =	43
19 + 4 =	23
79 + 5 =	84
29 + 4 =	33
59 + 5 =	64
49 + 4 =	53
69 + 4 =	73
89 + 5 =	94
59 + 4 =	63
29 + 5 =	34
69 + 5 =	74
89 + 5 =	94

Einer addieren mit Zehnerübergang

Falte – rechne – falte zurück – prüfe!

Faltlinie

39 + 2 = _____   41

59 + 3 = _____   62

49 + 4 = _____   53

29 + 5 = _____   34

69 + 3 = _____   72

89 + 5 = _____   94

79 + 4 = _____   83

49 + 2 = _____   51

39 + 4 = _____   43

79 + 3 = _____   82

59 + 5 = _____   64

29 + 4 = _____   33

69 + 5 = _____   74

89 + 3 = _____   92

Einer addieren mit Zehnerübergang

Falte – rechne – falte zurück – prüfe!

Faltlinie

69 + 4 = _____ | 73

39 + 3 = _____ | 42

59 + 5 = _____ | 64

49 + 4 = _____ | 53

29 + 2 = _____ | 31

49 + 3 = _____ | 52

79 + 5 = _____ | 84

59 + 3 = _____ | 62

89 + 4 = _____ | 93

49 + 2 = _____ | 51

39 + 5 = _____ | 44

79 + 4 = _____ | 83

29 + 3 = _____ | 32

89 + 5 = _____ | 94

Einer addieren mit Zehnerübergang

Decke die graue Spalte ab und übe!

9 + 6 =	15
29 + 6 =	35
49 + 6 =	55
59 + 6 =	65
69 + 6 =	75
79 + 6 =	85
9 + 7 =	16
19 + 7 =	26
39 + 7 =	46
49 + 7 =	56
79 + 7 =	86
89 + 7 =	96

49 + 6 =	55
39 + 7 =	46
59 + 6 =	65
29 + 7 =	36
39 + 6 =	45
49 + 7 =	56
19 + 6 =	25
69 + 7 =	76
79 + 7 =	86
89 + 6 =	95
69 + 6 =	75
89 + 7 =	96

Einer addieren mit Zehnerübergang

Decke die graue Spalte ab und übe!

9 + 8 =	17
29 + 8 =	37
39 + 8 =	47
59 + 8 =	67
69 + 8 =	77
89 + 8 =	97
9 + 9 =	18
19 + 9 =	28
29 + 9 =	38
49 + 9 =	58
79 + 9 =	88
89 + 9 =	98

59 + 9 =	68
29 + 8 =	37
49 + 8 =	57
69 + 9 =	78
39 + 9 =	48
89 + 8 =	97
79 + 9 =	88
19 + 8 =	27
39 + 8 =	47
59 + 8 =	67
79 + 9 =	88
69 + 9 =	78

Einer addieren mit Zehnerübergang

Falte – rechne – falte zurück – prüfe!

Faltlinie

49 + 6 = _____ | 55

39 + 7 = _____ | 46

79 + 9 = _____ | 88

59 + 8 = _____ | 67

29 + 6 = _____ | 35

49 + 7 = _____ | 56

39 + 8 = _____ | 47

59 + 6 = _____ | 65

49 + 9 = _____ | 58

29 + 8 = _____ | 37

69 + 7 = _____ | 76

89 + 8 = _____ | 97

69 + 9 = _____ | 78

89 + 7 = _____ | 96

Einer addieren mit Zehnerübergang

Falte – rechne – falte zurück – prüfe!

Faltlinie

69 + 3 = ____   72

59 + 5 = ____   64

39 + 2 = ____   41

29 + 6 = ____   35

89 + 9 = ____   98

69 + 8 = ____   77

49 + 4 = ____   53

29 + 7 = ____   36

49 + 5 = ____   54

79 + 8 = ____   87

59 + 6 = ____   65

79 + 9 = ____   88

19 + 7 = ____   26

39 + 4 = ____   43

Einer addieren mit Zehnerübergang

Decke die graue Spalte ab und übe!

8 + 3 =	11
28 + 3 =	31
38 + 3 =	41
58 + 3 =	61
68 + 3 =	71
88 + 3 =	91
8 + 4 =	12
18 + 4 =	22
28 + 4 =	32
48 + 4 =	52
68 + 4 =	72
78 + 4 =	82

18 + 4 =	22
48 + 3 =	51
38 + 4 =	42
58 + 4 =	62
18 + 3 =	21
78 + 3 =	81
88 + 4 =	92
28 + 3 =	31
78 + 4 =	82
38 + 3 =	41
68 + 3 =	71
48 + 4 =	52

Einer addieren mit Zehnerübergang

Decke die graue Spalte ab und übe!

8 + 5 =	13
18 + 5 =	23
28 + 5 =	33
48 + 5 =	53
68 + 5 =	73
78 + 5 =	83
8 + 6 =	14
28 + 6 =	34
38 + 6 =	44
58 + 6 =	64
68 + 6 =	74
88 + 6 =	94

28 + 5 =	33
48 + 5 =	53
38 + 6 =	44
48 + 6 =	54
38 + 5 =	43
58 + 6 =	64
78 + 6 =	84
78 + 5 =	83
58 + 5 =	63
28 + 6 =	34
88 + 5 =	93
68 + 6 =	74

Einer addieren mit Zehnerübergang

Decke die graue Spalte ab und übe!

8 + 7 =	15
18 + 7 =	25
38 + 7 =	45
48 + 7 =	55
68 + 7 =	75
88 + 7 =	95
8 + 8 =	16
28 + 8 =	36
48 + 8 =	56
58 + 8 =	66
68 + 8 =	76
78 + 8 =	86

28 + 8 =	36
28 + 7 =	35
58 + 7 =	65
18 + 8 =	26
38 + 8 =	46
78 + 7 =	85
88 + 8 =	96
88 + 7 =	95
58 + 8 =	66
68 + 7 =	75
38 + 7 =	45
48 + 8 =	56

Einer addieren mit Zehnerübergang

Decke die graue Spalte ab und übe!

8 + 9 =	17
28 + 9 =	37
38 + 9 =	47
58 + 9 =	67
68 + 9 =	77
68 + 8 =	76
48 + 8 =	56
48 + 9 =	57
18 + 9 =	27
58 + 8 =	66
78 + 9 =	87
88 + 8 =	96

38 + 5 =	43
58 + 7 =	65
28 + 4 =	32
18 + 6 =	24
48 + 9 =	57
78 + 3 =	81
68 + 8 =	76
88 + 6 =	94
58 + 4 =	62
78 + 7 =	85
38 + 8 =	46
68 + 5 =	73

Einer addieren mit Zehnerübergang

Falte – rechne – falte zurück – prüfe!

Faltlinie

68 + 3 = ____   71

78 + 5 = ____   83

58 + 4 = ____   62

88 + 6 = ____   94

18 + 9 = ____   27

38 + 8 = ____   46

78 + 7 = ____   85

68 + 9 = ____   77

48 + 6 = ____   54

28 + 8 = ____   36

48 + 5 = ____   53

58 + 9 = ____   67

38 + 7 = ____   45

28 + 4 = ____   32

Einer addieren mit Zehnerübergang

Falte – rechne – falte zurück – prüfe!

Faltlinie

48 + 9 = _____	57
38 + 6 = _____	44
78 + 9 = _____	87
58 + 6 = _____	64
28 + 5 = _____	33
48 + 7 = _____	55
38 + 5 = _____	43
58 + 8 = _____	66
48 + 8 = _____	56
18 + 9 = _____	27
68 + 7 = _____	75
88 + 9 = _____	97
68 + 8 = _____	76
88 + 4 = _____	92

Einer addieren mit Zehnerübergang

Decke die graue Spalte ab und übe!

7 + 4 =	11
17 + 4 =	21
37 + 4 =	41
57 + 4 =	61
67 + 4 =	71
87 + 4 =	91
7 + 5 =	12
27 + 5 =	32
47 + 5 =	52
57 + 5 =	62
67 + 5 =	72
87 + 5 =	92

47 + 4 =	51
37 + 5 =	42
57 + 4 =	61
27 + 5 =	32
37 + 4 =	41
47 + 5 =	52
77 + 4 =	81
67 + 5 =	72
77 + 5 =	82
87 + 4 =	91
67 + 4 =	71
87 + 5 =	92

Einer addieren mit Zehnerübergang

Decke die graue Spalte ab und übe!

7 + 6 =	13
17 + 6 =	23
37 + 6 =	43
47 + 6 =	53
77 + 6 =	83
87 + 6 =	93
7 + 7 =	14
27 + 7 =	34
37 + 7 =	44
57 + 7 =	64
67 + 7 =	74
87 + 7 =	94

77 + 7 =	84
27 + 6 =	33
57 + 7 =	64
57 + 6 =	63
27 + 7 =	34
37 + 6 =	43
37 + 7 =	44
17 + 7 =	24
47 + 6 =	53
67 + 6 =	73
87 + 6 =	93
67 + 7 =	74

Einer addieren mit Zehnerübergang

Decke die graue Spalte ab und übe!

7 + 8 =	15
17 + 8 =	25
27 + 8 =	35
47 + 8 =	55
57 + 8 =	65
87 + 8 =	95
7 + 9 =	16
37 + 9 =	46
47 + 9 =	56
57 + 9 =	66
77 + 9 =	86
87 + 9 =	96

47 + 9 =	56
37 + 8 =	45
57 + 9 =	66
77 + 9 =	86
47 + 8 =	55
67 + 8 =	75
67 + 9 =	76
57 + 8 =	65
37 + 9 =	46
77 + 8 =	85
87 + 9 =	96
27 + 8 =	35

Einer addieren mit Zehnerübergang

Decke die graue Spalte ab und übe!

37 + 4 =	41		28 + 5 =	33
77 + 7 =	84		37 + 8 =	45
47 + 9 =	56		58 + 6 =	64
67 + 5 =	72		47 + 5 =	52
27 + 8 =	35		67 + 4 =	71
57 + 6 =	63		78 + 8 =	86
17 + 5 =	22		47 + 9 =	56
87 + 4 =	91		68 + 7 =	75
57 + 8 =	65		57 + 6 =	63
37 + 9 =	46		87 + 7 =	94
87 + 7 =	94		58 + 4 =	62
67 + 6 =	73		48 + 9 =	57

Einer addieren mit Zehnerübergang

Falte – rechne – falte zurück – prüfe!

Faltlinie

17 + 4 = _____	21
27 + 4 = _____	31
37 + 6 = _____	43
57 + 5 = _____	62
47 + 4 = _____	51
27 + 9 = _____	36
67 + 7 = _____	74
87 + 5 = _____	92
47 + 5 = _____	52
37 + 8 = _____	45
77 + 7 = _____	84
57 + 9 = _____	66
27 + 8 = _____	35
87 + 8 = _____	95

Einer addieren mit Zehnerübergang

Falte – rechne – falte zurück – prüfe!

Faltlinie

57 + 5 = _____ | 62

78 + 6 = _____ | 84

67 + 8 = _____ | 75

47 + 5 = _____ | 52

28 + 3 = _____ | 31

27 + 4 = _____ | 31

57 + 6 = _____ | 63

77 + 7 = _____ | 84

37 + 8 = _____ | 45

68 + 5 = _____ | 73

87 + 9 = _____ | 96

28 + 9 = _____ | 37

28 + 8 = _____ | 36

38 + 7 = _____ | 45

Einer addieren mit Zehnerübergang

Decke die graue Spalte ab und übe!

6 + 5 =	11
36 + 5 =	41
46 + 5 =	51
66 + 5 =	71
6 + 6 =	12
26 + 6 =	32
56 + 6 =	62
86 + 6 =	92
6 + 7 =	13
36 + 7 =	43
56 + 7 =	63
76 + 7 =	83

16 + 5 =	21
46 + 7 =	53
36 + 6 =	42
46 + 7 =	53
36 + 5 =	41
56 + 6 =	62
66 + 5 =	71
76 + 7 =	83
56 + 5 =	61
26 + 6 =	32
86 + 7 =	93
26 + 6 =	32

Einer addieren mit Zehnerübergang

Decke die graue Spalte ab und übe!

6 + 8 =	14		26 + 8 =	34
26 + 8 =	34		26 + 9 =	35
46 + 8 =	54		56 + 9 =	65
56 + 8 =	64		16 + 8 =	24
66 + 8 =	74		86 + 5 =	91
76 + 8 =	84		66 + 6 =	72
6 + 9 =	15		56 + 6 =	62
16 + 9 =	25		36 + 9 =	45
36 + 9 =	45		76 + 5 =	81
46 + 9 =	55		36 + 6 =	42
66 + 9 =	75		46 + 5 =	51
86 + 9 =	95		76 + 9 =	85

Einer addieren mit Zehnerübergang

Falte – rechne – falte zurück – prüfe!

Faltlinie

36 + 5 = _____ | 41

46 + 5 = _____ | 51

26 + 7 = _____ | 33

56 + 7 = _____ | 63

66 + 6 = _____ | 72

36 + 6 = _____ | 42

76 + 7 = _____ | 83

56 + 8 = _____ | 64

56 + 5 = _____ | 61

86 + 8 = _____ | 94

86 + 9 = _____ | 95

76 + 9 = _____ | 85

66 + 8 = _____ | 74

46 + 7 = _____ | 53

Einer addieren mit Zehnerübergang

Falte – rechne – falte zurück – prüfe!

Faltlinie

26 + 6 = ____	32
56 + 8 = ____	64
46 + 7 = ____	53
67 + 5 = ____	72
36 + 5 = ____	41
57 + 7 = ____	64
47 + 6 = ____	53
76 + 4 = ____	80
86 + 5 = ____	91
67 + 8 = ____	75
56 + 8 = ____	64
56 + 9 = ____	65
77 + 4 = ____	81
86 + 4 = ____	90

Einer addieren mit Zehnerübergang

Decke die graue Spalte ab und übe!

5 + 6 =	11
25 + 6 =	31
35 + 6 =	41
45 + 6 =	51
75 + 6 =	81
85 + 6 =	91
5 + 7 =	12
15 + 7 =	22
35 + 7 =	42
55 + 7 =	62
65 + 7 =	72
85 + 7 =	92

75 + 7 =	82
25 + 6 =	31
55 + 7 =	62
55 + 6 =	61
25 + 7 =	32
35 + 6 =	41
35 + 7 =	42
15 + 7 =	22
45 + 6 =	51
65 + 6 =	71
85 + 7 =	92
85 + 6 =	91

Einer addieren mit Zehnerübergang

Decke die graue Spalte ab und übe!

5 + 8 =	13
15 + 8 =	23
25 + 8 =	33
45 + 8 =	53
55 + 8 =	63
85 + 8 =	93
5 + 9 =	14
35 + 9 =	44
45 + 9 =	54
55 + 9 =	64
75 + 9 =	84
85 + 9 =	94

35 + 7 =	42
75 + 6 =	81
45 + 9 =	54
65 + 8 =	73
25 + 7 =	32
55 + 9 =	64
15 + 6 =	21
85 + 8 =	93
55 + 9 =	64
35 + 7 =	42
85 + 6 =	91
65 + 8 =	73

Einer addieren mit Zehnerübergang

Falte – rechne – falte zurück – prüfe!

Faltlinie

25 + 5 = _____ | 30

35 + 6 = _____ | 41

55 + 9 = _____ | 64

75 + 8 = _____ | 83

65 + 8 = _____ | 73

85 + 7 = _____ | 92

45 + 5 = _____ | 50

35 + 9 = _____ | 44

75 + 7 = _____ | 82

95 + 5 = _____ | 100

85 + 6 = _____ | 91

65 + 8 = _____ | 73

45 + 9 = _____ | 54

35 + 7 = _____ | 42

Einer addieren mit Zehnerübergang

Falte – rechne – falte zurück – prüfe!

Faltlinie

45 + 6 = _____   51

26 + 9 = _____   35

25 + 7 = _____   32

36 + 6 = _____   42

35 + 9 = _____   44

75 + 7 = _____   82

65 + 8 = _____   73

56 + 7 = _____   63

66 + 8 = _____   74

85 + 6 = _____   91

35 + 8 = _____   43

86 + 5 = _____   91

95 + 5 = _____   100

96 + 4 = _____   100

Einer addieren mit Zehnerübergang

Decke die graue Spalte ab und übe!

4 + 7 =	11
14 + 7 =	21
34 + 7 =	41
44 + 7 =	51
64 + 7 =	71
84 + 7 =	91
4 + 8 =	12
24 + 8 =	32
44 + 8 =	52
54 + 8 =	62
64 + 8 =	72
74 + 8 =	82

24 + 8 =	32
24 + 7 =	31
54 + 7 =	61
14 + 8 =	22
34 + 8 =	42
74 + 7 =	81
84 + 8 =	92
84 + 7 =	91
54 + 8 =	62
64 + 7 =	71
34 + 7 =	41
44 + 8 =	52

Einer addieren mit Zehnerübergang

Decke die graue Spalte ab und übe!

4 + 9 =	13
24 + 9 =	33
34 + 9 =	43
54 + 9 =	63
64 + 9 =	73
74 + 9 =	83
74 + 8 =	82
14 + 9 =	23
44 + 8 =	52
54 + 9 =	63
24 + 7 =	31
84 + 9 =	93

14 + 8 =	22
34 + 7 =	41
64 + 9 =	73
24 + 8 =	32
44 + 6 =	50
74 + 9 =	83
54 + 8 =	62
84 + 6 =	90
84 + 7 =	91
54 + 6 =	60
54 + 7 =	61
64 + 8 =	72

Einer addieren mit Zehnerübergang

Falte – rechne – falte zurück – prüfe!

Faltlinie

24 + 7 = _____ | 31

44 + 9 = _____ | 53

74 + 8 = _____ | 82

64 + 6 = _____ | 70

84 + 8 = _____ | 92

34 + 9 = _____ | 43

54 + 7 = _____ | 61

14 + 6 = _____ | 20

24 + 9 = _____ | 33

54 + 7 = _____ | 61

34 + 8 = _____ | 42

74 + 6 = _____ | 80

84 + 9 = _____ | 93

94 + 6 = _____ | 100

Einer addieren mit Zehnerübergang

Falte – rechne – falte zurück – prüfe!

Faltlinie

36 + 9 = _____ | 45

35 + 9 = _____ | 44

54 + 8 = _____ | 62

55 + 8 = _____ | 63

64 + 7 = _____ | 71

75 + 7 = _____ | 82

86 + 9 = _____ | 95

44 + 6 = _____ | 50

55 + 7 = _____ | 62

66 + 8 = _____ | 74

84 + 6 = _____ | 90

54 + 8 = _____ | 62

46 + 6 = _____ | 52

44 + 7 = _____ | 51

Einer addieren mit Zehnerübergang

Decke die graue Spalte ab und übe!

3 + 8 =	11
33 + 8 =	41
43 + 8 =	51
53 + 8 =	61
73 + 8 =	81
83 + 8 =	91
3 + 9 =	12
13 + 9 =	22
23 + 9 =	32
43 + 9 =	52
53 + 9 =	62
83 + 9 =	92

43 + 9 =	52
83 + 8 =	91
63 + 7 =	70
33 + 9 =	42
73 + 8 =	81
23 + 7 =	30
53 + 8 =	61
43 + 7 =	50
63 + 9 =	72
83 + 8 =	91
53 + 9 =	62
33 + 7 =	40

Einer addieren mit Zehnerübergang

Decke die graue Spalte ab und übe!

2 + 9 =	11
32 + 9 =	41
42 + 9 =	51
72 + 9 =	81
73 + 9 =	82
82 + 9 =	91
84 + 9 =	93
72 + 9 =	81
62 + 9 =	71
65 + 9 =	74
63 + 9 =	72
66 + 9 =	75

22 + 9 =	31
12 + 8 =	20
2 + 9 =	11
32 + 9 =	41
42 + 8 =	50
51 + 9 =	60
62 + 9 =	71
72 + 8 =	80
81 + 9 =	90
12 + 9 =	21
32 + 9 =	41
61 + 9 =	70

Einer addieren mit Zehnerübergang

Falte – rechne – falte zurück – prüfe!

Faltlinie

83 + 9 = _____   92

71 + 9 = _____   80

42 + 9 = _____   51

63 + 8 = _____   71

53 + 7 = _____   60

23 + 8 = _____   31

32 + 8 = _____   40

81 + 9 = _____   90

72 + 9 = _____   81

53 + 8 = _____   61

93 + 7 = _____   100

43 + 9 = _____   52

91 + 9 = _____   100

62 + 8 = _____   70

Einer addieren mit Zehnerübergang

Falte – rechne – falte zurück – prüfe!

Faltlinie

27 + 9 = ____   36

18 + 9 = ____   27

36 + 9 = ____   45

9 + 9 = ____   18

45 + 9 = ____   54

63 + 9 = ____   72

54 + 9 = ____   63

81 + 9 = ____   90

72 + 9 = ____   81

36 + 9 = ____   45

45 + 9 = ____   54

18 + 9 = ____   27

63 + 9 = ____   72

81 + 9 = ____   90

Rechenketten

Einer addieren mit Zehnerübergang

| 0 | +3 | 3 | +3 | 6 | +3 | | +3 | | +3 | 15 |

| 15 | +3 | | +3 | | +3 | | +3 | | +3 | 30 |

| 30 | +3 | | +3 | | +3 | | +3 | | +3 | 45 |

| 45 | +3 | | +3 | | +3 | | +3 | | +3 | 60 |

| 60 | +3 | | +3 | | +3 | | +3 | | +3 | 75 |

| 75 | +3 | | +3 | | +3 | | +3 | | +3 | 90 |

| 0 | +9 | | +9 | | +9 | | +9 | | +9 | 45 |

| 45 | +9 | | +9 | | +9 | | +9 | | +9 | 90 |

Einer addieren mit Zehnerübergang

Rechenketten

| 0 | +4 | | +4 | | +4 | | +4 | | +4 | 20 |

| 20 | +4 | | +4 | | +4 | | +4 | | +4 | 40 |

| 40 | +4 | | +4 | | +4 | | +4 | | +4 | 60 |

| 60 | +4 | | +4 | | +4 | | +4 | | +4 | 80 |

| 80 | +4 | | +4 | | +4 | | +4 | | +4 | 100 |

| 0 | +6 | | +6 | | +6 | | +6 | | +6 | 30 |

| 30 | +6 | | +6 | | +6 | | +6 | | +6 | 60 |

| 60 | +6 | | +6 | | +6 | | +6 | | +6 | 90 |

Sachaufgaben

Einer addieren mit Zehnerübergang

a) Im See schwimmen 34 rote Fische und 5 gelbe Fische. Wie viele Fische sind es insgesamt?

Rechnung: _____

Antwort: _____

b) In der Schüssel sind 15 Himbeeren und 8 Blaubeeren. Wie viele Früchte sind es insgesamt?

Rechnung: _____

Antwort: _____

c) In Papas Geldbeutel ist ein 20-Euro-Schein und ein 5-Euro-Schein. Wie viel Geld ist das insgesamt?

Rechnung: _____

Antwort: _____

d) Jens kauft Tomaten für 6 € und Käse für 9 €. Wie viel muss er bezahlen?

Rechnung: _____

Antwort: _____

e) Selina kauft Buntstifte für 23 € und ein Lineal für 8 €. Wie viel muss sie bezahlen?

Rechnung: _____

Antwort: _____

a) 39 b) 23 c) 25 € d) 15 € e) 31 €

Einer addieren mit Zehnerübergang

Sachaufgaben

a) In der Schüssel sind 22 Erdbeeren, 8 Himbeeren und 7 Trauben. Wie viele Früchte sind es insgesamt?

Rechnung: _____

Antwort: _____

b) Marco hat 18 Kastanien, Eva hat auch 8 Kastanien und Darja hat 4 Kastanien. Wie viele Kastanien haben die 3 Kinder zusammen?

Rechnung: _____

Antwort: _____

c) Auf der Weide stehen 29 Kühe, 3 Pferde und 6 Schafe. Wie viele Tiere stehen auf der Weide?

Rechnung: _____

Antwort: _____

d) Denis hat schon 26 € gespart. Zum Geburtstag bekommt er von seiner Tante und von seiner Oma je 8 € geschenkt. Wie viel Geld hat er jetzt?

Rechnung: _____

Antwort: _____

e) Papa kauft eine Hose für 50 €, ein Paar Socken für 6 € und ein T-Shirt für 9 €. Wie viel muss er bezahlen?

Rechnung: _____

Antwort: _____

a) 37 b) 30 c) 38 d) 42 € e) 65 €